BEI GRIN MACHT SICH IHR WISSEN BEZAHLT

- Wir veröffentlichen Ihre Hausarbeit,
  Bachelor- und Masterarbeit

- Ihr eigenes eBook und Buch -
  weltweit in allen wichtigen Shops

- Verdienen Sie an jedem Verkauf

Jetzt bei www.GRIN.com hochladen und kostenlos publizieren

Bibliografische Information der Deutschen Nationalbibliothek:

Die Deutsche Bibliothek verzeichnet diese Publikation in der Deutschen National-
bibliografie; detaillierte bibliografische Daten sind im Internet über http://dnb.d-
nb.de/ abrufbar.

Impressum:

Copyright © 2015 GRIN Verlag
Druck und Bindung: Books on Demand GmbH, Norderstedt Germany
ISBN: 9783668740174

Dieses Buch bei GRIN:

https://www.grin.com/document/431671

Amelie Lauber

Das Internet und seine Diffusion. Von der Institutionalisierung und Nutzung des Mediums

GRIN Verlag

Otto- Friedrich – Universität Bamberg
Lehrstuhl: Soziologie

Bamberg, den 30. August 2015

Veranstaltung: Soziale Ungleichheit und Internet: Eine Einführung.

„Das Internet und seine Diffusion.
- Von der Institutionalisierung und Nutzung des Mediums."

Amelie, Lauber

Inhaltsverzeichnis

Abkürzungsverzeichnis

Vgl.	Vergleiche
J.	Jahr(e)
Sog.	Sogenannte/-s/-r
DARPA	Defence Advanced Research Projects Agency
Html	Hyper text markup language

1 Einleitung

Ein Großteil der Bevölkerung Europas sieht das Internet heutzutage als festen und selbstverständlichen Bestandteil des alltäglichen Lebens. Es hat sich innerhalb der letzten 20 Jahre so schlagartig wie kein anderes Medium zuvor zu einer festen Institution gewandelt, deren Umgang immer öfter vorausgesetzt wird und großen Einfluss auf das Alltagsgeschehen ausübt. Im Rahmen der Arbeit soll die Entstehung und Diffusion des Internets aufgezeigt werden.

Die historische Entwicklung des Mediums dient dazu, dem Leser einen anfänglichen Überblick hinsichtlich der Entstehung des Untersuchungsgegenstands zu verschaffen. Direkt im Anschluss soll der direkte Verbreitungsprozess des Internets aufgeschlüsselt, erklärt und begründet werden. Die Diffusionstheorie Rogers definiert vorab den allgemeinen Verbreitungsprozess von Innovationen innerhalb einer Gesellschaft und macht verständlich, welchen Entwicklungsgang Innovationen stufenweise durchlaufen müssen, bis sich ihr Innovationscharakter endgültig verlieren kann. Entsprechend dieser Theorie wird nun auch die Diffusion des Internets erklärt und in Prozess-Schritte unterteilt werden. Im nächsten Teil der Arbeit stehen nunmehr die Nutzer, als das Medium im Vordergrund. Haben Alter, Geschlecht, Bildung und Herkunft der User heutzutage noch einen Einfluss auf die Nutzung des Mediums? Und – wie intensiv und für welche Zwecke genau wird es verwendet? Um die „Antworten" auf all diese Fragen möglichst übersichtlich zu präsentieren, werden entsprechende Forschungsergebnisse zuerst nur auf nationaler, dann erst auf internationaler Basis untersucht und kommuniziert. Die Ergebnisse und Zahlen gründen hauptsächlich auf Statistiken und Studien der letzten Jahre, welche im letzten Teil der Arbeit auch die Basis für eine kurze Zukunftsprognose der Institution Internet bilden.

2 Entstehungsgeschichte des Mediums Internet

Im Jahr 1964 verfolgte Paul Baran erstmals die Vision einer vollständig dezentralen Netzwerkkommunikation. [1] Fünf Jahre später -1969, entwickelte die DARPA, eine militärische Forschungseinrichtung der USA ein solch dezentrales Computernetzwerk, bestehend aus Vier Rechnern um militärische Software und Datenbanken miteinander zu teilen. Dieser Netzwerkverbund mit dem Namen ARPANET wurde zum Vorbild für viele folgende Computernetzwerke und bildete somit den Ursprung für die endgültige Entstehung des Internets 1983. [2] Die erste Form des Internet war geboren. [3]

Zugänglich war dieses Medium anfangs jedoch hauptsächlich nur über jeweilige Arbeitgeber, Unternehmen, oder Bildungseinrichtungen. Daher beschränkte sich die Nutzung in den ersten Jahren vorerst auf ein sehr „bestimmtes" Publikum. Diese selektiven Zugangs-Möglichkeiten schlagen sich in einer zeitweilig langsamen Implementierungsgeschwindigkeit nieder. 1990 erreicht die „Innovation Internet" schließlich die „Critical Mass" und die Nutzung steigt schlagartig stark an. Critical Mass ist ein entscheidendes Konzept, um die Eigenschaften des Diffusionsprozesses von Innovationen zu verstehen. Sie entsteht dann, wenn eine Innovation so häufig institutionalisiert wurde, dass sich die weitere Implementierung verselbstständigt. Die Critical Mass muss anfangen die Innovation zu nutzen, noch bevor sich für den durchschnittlichen „Bürger" ein Nutzen ergibt. [4]

Begründet wurde die Ausbreitung und Kommerzialisierung des Internets primär durch die Erfindung des WorldWideWeb, die verbesserte Programmiersprache HTML und der darauf basierenden Browser, sowie durch die stetige technische Weiterentwicklung der Endgeräte. Auch die Fokussierungen und Investitionen vieler Startup Unternehmen ins Medium Internet begünstigten diese Entwicklung zusätzlich stark. [5] Die Implementierungsrate steigt 1995 erneut bezeichnend in die Höhe, als die Nutzung des Internets für kommerzielle Zwecke erstmals durch die US Regierung erlaubt wird. Verzeichnete man zum Jahr 1990 noch ca. 7 Millionen Internetnutzer, so sind es 1996 bereits 50 Millionen. [6]

Um das Internet für die Gesamtbevölkerung zugänglich zu machen, wurden Computer nicht nur immer leistungsfähiger, sondern auch zunehmend leichter in der Bedienung und nach

---

[1] Vgl. Stöber 2003, S. 165
[2] Vgl. Rogers 2003, S. 346
[3] Vgl. Stöber 2003, S. 164 f.
[4] Rogers 2003, S. 346- 349
[5] Rogers 2003, S. 346
[6] Rogers 2003, S. 346

und nach für den Privatgebrauch bezahlbar gemacht. Nichtsdestotrotz bestand die damalige Nutzergruppe hauptsächlich aus jungen, männlichen Besserverdienern und Akademikern. Mittlerweile wurde diese Markscheide aufgeweicht und mehr als die Hälfte der deutschen Gesamtbevölkerung surft im Internet; Tendenz steigend.[7]

In den darauf folgenden Jahren steigt die Verbreitung fortlaufend extrem. 2000 schätzt man die Zahl der Internetnutzer bereits auf 410 Millionen und im Jahre 2002 auf 544 Millionen. Diese Verbreitungsgeschwindigkeit ist womöglich die schnellste der Geschichte und macht das Internet zu einer riesigen und schnell steigenden Informationsquelle. Durch die steigenden Teilnehmerzahlen kann ein Mehrwert des Mediums generiert werden, welcher den Anstieg der Internetnutzung selbstständig und fortlaufend begünstigt. [8]

Im internationalen Vergleich fällt Internetnutzung noch lange Zeit sehr unterschiedlich aus. Dritte Welt Länder wie beispielsweise Afghanistan hatten bis zum Jahr 1998 noch garkeinen Internetanschluss. Dies kann als Ausdruck der wirtschaftlichen und politischen Unfreiheit des Landes gedeutet werden. In Ländern Schwarzafrikas bleibt die Zahl der Internetanschlüsse nach wie vor sehr gering. Diese Spaltung der Gesellschaft in informationsreich bzw. informationsarm, spiegelt Heute eindeutig die internationalen Formen sozialer Ungleichheit wieder. [9]

---

[7] Vgl. Stöber 2003, S. 169 f.
[8] Rogers 2003, S. 346
[9] Vgl. Stöber 2003, S. 168

3 Diffusion des Mediums Internet

Verallgemeinert man die Verbreitung des Internets, so kann man sagen, Es hat sich von einer Innovation zu einer Art Institution entwickelt. Die Diffusion von Innovationen auf dem Markt, war Untersuchungsgegenstand einer Vielzahl von Wissenschaftlern, welche zahlreiche Verbreitungstheorien aufstellten. Bei dieser Art der Forschung spricht man von Diffusions-Forschung. Einer dieser Theoretiker trägt den Namen Everett M. Rogers. Seine Diffusionstheorie dient als Art Orientierung, da sie im Allgemeinen auf verschiedene „Verbreitungsgegenstände" angewandt werden kann. Somit eröffnet sie es dem Autor im Folgenden die Diffusion des Internets theoretisch zu erfassen.

3.1 Allgemeine Diffusionstheorie nach Rogers

Rogers Diffusionstheorie erklärt die Verbreitung von Innovationen auf dem Markt. „Als Innovation gelten dabei alle Ideen, Prozesse und Objekte, die für eine soziale Gruppe subjektiv als neu wahrgenommen werden" [10] Dabei unterteilt er Personen nach der von ihnen benötigten Zeit bis diese eine Innovation annehmen bzw. in ihren Alltag integrieren. Diese unterschiedlichen Gruppen bezeichnet er als: Innovatoren, Frühe Adaptoren, Frühe Mehrheit, Späte Mehrheit und Nachzügler. Die Diffusionstheorie wird üblicherweise mit Hilfe einer Diffusionskurve graphisch dargestellt. Sie nimmt grundsätzlich die Form einer S-Kurve an. Die nachfolgende Abbildung dient als Beispiel für einen solchen S-förmigen Verlauf. Sie zeigt auf wie viel Adaption und Diffusion innerhalb eines gewissen Zeitraums stattfinden. [11]

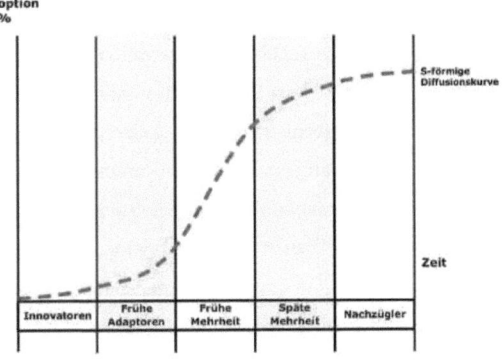

Abbildung 1: Diffusionskurve

Quelle: http://marketinglexikon.ch/terms/83

---

[10] Rogers 2003, S. 168
[11] Vgl. http://marketinglexikon.ch/terms/83

Dieser Innovationsentscheidungsprozess den ein Individuum dabei durchläuft besteht aus den folgenden fünf Phasen bzw. Stages: Knowledge-stage, Persuasion-stage, Decision-stage, Implementation-stage und Confirmation-stage.[12]

Die erste von Rogers Phasen, trägt den Titel „Knowledge-stage", oder „Kenntnis-Phase". Individuen oder Gruppen erfahren von der Existenz einer Innovation und versuchen erstmals deren Funktionsweise zu verstehen. Bislang findet noch kein individueller Vorgang statt; allein Wissen und Kenntnis der Innovation zählen. Sie sind grundlegend für die Motivation mehr erfahren zu wollen und wecken Interesse.

Rogers bemerkt, dass das Empfinden eines gewissen Bedarfs für diese Phase von großer Bedeutung ist. Erst dann bringt man einem Thema Aufmerksamkeit entgegen. Interessant hierbei ist auch, dass dieser subjektive Bedarf häufig erst durch neu existierende Innovationen empfunden wird. Rogers bezeichnet dieses Verhalten als „selektive Aufmerksamkeit". Allgemein verbreiten sich Neuheiten jedoch sehr unterschiedlich auf dem Markt; was dazu führt dass bestimmte Personengruppen früher von ihnen erfahren als andere. Die Gruppe der „Früh-Wissenden", bzw. „Early Knower" hat eine vergleichsweise hohe Bildung, einen höheren sozialen Status, sowie mehr soziale Kontakte und nutzt die Massenmedien auf eine weltoffene Art und Weise häufiger als die durchschnittliche Bevölkerung. Daher liegt die Annahme nahe, ein „Early Knower" müsste sich automatisch zum „Innovator", oder „Early Adopter" entwickeln. Dem ist jedoch nicht so. Das alleinige Wissen über eine Marktneuheit sorgt nicht zwangsläufig dafür, diese in den eigenen Alltag zu übernehmen. [13]

Nachdem eine Person über die Existenz der Innovation in Kenntnis gesetzt wurde, formt sie hiernach eine entweder positive oder negative Einstellung gegenüber der Innovation. Diese Überzeugungsphase trägt den Titel „Persuasion-Stage". Ab dieser Phase ist das Individuum psychisch mehr involviert. Es sucht aktiv nach weiteren Informationen, entscheidet welche glaubwürdig sind und wie es diese interpretiert. Über die allgemeine Wahrnehmung einer Innovation entscheiden meist deren Komplexität und Kompatibilität, sowie zukünftige, relative Vorteile für den Annehmenden. Individuen bauen die Innovation durch „hypothetisches Denken" in die eigene Gegenwart oder Zukunft ein um einen persönlicheren Eindruck zu erhalten, oder suchen sich Rat und Verstärkung bei Personen mit ähnlicher

---

[12] Vgl. Rogers 2003, S. 169 f.
[13] Vgl. Rogers 2003, S. 171 ff.

Einstellung aus ihrer Peer Group. Interpersonelle Kommunikation und persönliche Erfahrungen schaffen gegenüber den allgemeinen Ansichten der Massenmedien Vertrauen und beeinflussen somit die Einstellung der Akteure. [14] Je nach deren Gesinnung äußert sich die spätere Entscheidung entweder in Ablehnung oder Implementierung der Neuheit. Diese dritte Phase der aktiven Entscheidung nennt Rogers „Decision-stage". Um den persönlichen Nutzen besser abschätzen zu können ist es von Vorteil, wenn die Innovation persönlich oder durch einen Meinungsführer getestet werden kann. Auch Demonstrationen der Innovation, oder das Bereitstellen von fundiertem Basis-Wissen, führen gewohnheitsgemäß zu einer Beschleunigung der Annahme. Der andere mögliche Effekt der Decision-stage ist, solange sie nicht schon vorher stattgefunden hat – die Ablehnung. Sie kann praktisch zu jeder Zeit des Prozesses eintreten. So kann das Individuum beispielsweise bereits im Laufe des Knowledge-Prozesses vergessen, dass die Innovation existiert und sie dadurch unbewusst „ablehnen". Diese Art der Ablehnung nennt Rogers „Passive Ablehnung" und grenzt sie von Typ Zwei, der „aktiven Ablehnung" bei der sich Akteure bewusst gegen die neue Idee entscheiden ab. Hier wurde was rausgenommen! [15]

In der „Implementation-stage", welche den letzten aktiven Teil-Prozess der Diffusionstheorie bildet, kommt es zur endgültigen Institutionalisierung durch die Akteure. Diese Etappe folgt meist direkt auf die Entscheidungsphase und stellt dar, wie die Innovation genutzt und institutionalisiert wird. Die Implementierung endet offiziell erst dann, wenn die Innovation ihren „Innovations-Charakter" verliert und institutionalisiert wurde. Sogenannte „Change-Agents" helfen Implementierungsprobleme zu vermeiden. Man spricht bei diesem Wissen von „How-To-Knowledge". [16] Nur noch selten werden Innovationen unverändert übernommen. Im Rahmen der Institutionalisierung kommt es immer häufiger zu einer Abwandlung oder Modifizierung der herkömmlichen Idee durch die Teilnehmer. Man spricht dabei von „Re-Invention". Fortlaufend stellt man fest, dass Innovationen vom Urheber häufig so strukturiert sind, dass sie schwer umsetzbar, oder aufgrund ihrer Komplexität nicht für Jeden verständlich sind. Durch die aktive Teilnahme der Bevölkerung kann die Innovation immer wieder an lokale & individuelle Gegebenheiten einer Person angepasst werden. Somit sorgt eine höhere Re-inventions-Rate für eine schnellere Anpassung und Annahme der Neuerung und steigert zusätzlich deren künftige

---

[14] Vgl. Rogers 2003, S. 174 ff.
[15] Vgl. Rogers 2003, S. 177 ff.
[16] Vgl. Rogers 2003, S. 179 f.

Nachhaltigkeit. [17] An die Umsetzung der Innovation schließt sich die sogenannte „Confirmation-stage" an. Innerhalb dieser letzten Phase geben Individuen oder Gruppen Rückmeldungen zur Innovationsentscheidung und entscheiden sich je nachdem entweder dafür sie weiter zu nutzen oder widerrufen ihre bisherige Entscheidung. Dieser Widerruf tritt meist dann ein, wenn trotz Einführung der Innovation weiterhin ein gewisser Bedarf empfunden wird. Dieser gibt Motivation den gefassten Entschluss zu hinterfragen und erneut Wissen einzuholen. Um Unannehmlichkeiten durch äußere Einflüsse zu umgehen tendieren Individuen in der Confirmation-stage meist dazu sehr selektive Kontakte herzustellen, die eine positive Rückmeldung und Unterstützung erwarten lassen. Enttäuschung kann jedoch auch aus eigener Unzufriedenheit entstehen, wenn der versprochene Erfolg ausbleibt, da die Innovation falsch eingesetzt wurde. Dieser falsche Einsatz wird besonders bei Later adopters beobachtet. Die Forschung zeigt, dass diese "Abbrecher", im Gegensatz zu Innovatoren meist eine formal geringere Bildung aufweisen, einen niedrigeren sozialen Status einnehmen und weniger Kontakt zu „Change-Agents" hatten. Der Schluss liegt nahe, dass Innovationen mit einem niedrigen, relativen Vorteil eine langsame Verbreitungs-, sowie höhere Abbruchrate aufweisen, wohingegen sich Innovationen mit einem hohen relativen Vorteil schneller verbreiten und niedrigere Abbruchraten aufweisen. [18]

3.2 Diffusion und Institutionalisierung des Mediums Internet

Anhand der eben dargestellten Diffusionstheorie kann auch die Verbreitung des Internets stufenweise als Prozess dargestellt werden. Die Kenntnisnahme des Internets beschränkte sich anfangs meist auf nur wenige Personen, da der Zugang bislang nur selten von Zuhause aus stattfindet. Personen erfahren vom Internet und dessen Funktionsweise nicht, wie im Rahmen der Knowledge-Stage üblich wäre, durch die Massenmedien, sondern durch interpersonelle Kommunikation; begründet auf eigenen Erfahrungen. Da das Internet den Arbeitsalltag der ersten User und Early Knower stark vereinfacht werden diese größtenteils überzeugt, wenden das Internet und seine Vorteile durch hypothetisches Denken auf den eigenen Alltag an und geben ihre positive Einstellung binnen der „Persuasion Stage" an ihr persönliches soziales Umfeld weiter. Rogers bezeichnet den folgenden Prozessabschnitt als „Decision-stage" und erklärt, dass Unsicherheiten verringert werden, wenn man der Bevölkerung über einen längeren Zeitraum hinweg ausreichend Möglichkeiten bietet eine

---

[17] Vgl. Rogers 2003, S. 180 ff.
[18] Vgl. Rogers 2003, S. 189 ff.

Neuerung zu testen. Im Falle der Internet-Verbreitung war genau das der Fall. Da das Internet teils schon im Arbeitsalltag „getestet" wurde, konnten Unsicherheiten größtenteils begraben werden und Erfahrungen an das eigene soziale Umfeld weitergegeben werden. Spätestens als PC-Preise sanken, war es auch Privatpersonen möglich die Innovation von Zuhause aus zu testen. Die darauf folgende „Implementation-Stage" beginnt laut Rogers, sobald Individuen beginnen, die Innovation zu nutzen.

Bei der Nutzung des Internets treten anfänglich teils einige Implementierungsprobleme auf, da noch nicht alle Nutzer Vorkenntnisse sammeln konnten.

Da die Bevölkerung die ursprüngliche Idee der Internetnutzung nach und nach individuell für den alltäglichen Privatverbraucht umgestaltete, gilt das Web somit als Musterbeispiel für „Re-invention". Rogers weist im letzten Schritt der Diffusionstheorie - der „Confirmation-stage", darauf hin, dass Individuen auch nachdem sie sich für die Nutzung einer Innovation entschieden haben, weiterhin noch Informationen suchen, die ihren Entschluss bestärken. Dieses Vorgehen begünstigte die Verbreitung des Internets beträchtlich, da sich sowohl Massenmedien, als Privatpersonen vorrangig positiv äußerten und sich zunehmend routiniert über das Internet vernetzen. Summa Summarum entwickelte sich das Trend-Medium Internet zu einer festen „Institution", welches als Regelsystem dauerhaft neue Strukturen, Normen und soziale Tatbestände vorgibt und somit etliche, ehemalige Komplexe reduzieren konnte.

4 Nationale und internationale Nutzung, Strukturen und regionale Verteilungsmuster des Internets im Zeitverlauf

4.1 Internetnutzung in Deutschland

Die Deutschen verbringen zunehmend mehr Zeit im Netz. Die Internetverbreitung stieg bei deutschsprachigen Personen, die zumindest gelegentlich online sind in Deutschland im Jahr 2014 von 77,2% auf 79,1% an. Der moderate Zuwachs von lediglich knapp 2% setzt einen Trend fort der seit 2004 besteht. Ausreißer dieser Entwicklung waren lediglich in Jahren 2010 und 2011 zu verzeichnen. Die Gründe dafür waren zum einen, dass die Grundgesamtheit von der deutschen in die Deutsch sprechende Bevölkerung geändert wurde und zum anderen, dass ein deutlicher Zuwachs der älteren Gesellschaftsschicht stattfand. Dieses Wachstum der Gruppe von 50 Jahren aufwärts, war vor allem auf die Tatsache zurückzuführen, dass im Jahr 2011 sehr einfach zu bedienende Endgeräte wie Tablet-Computer und iPads erschienen. Dessen ungeachtet ist ein gewaltiger Anstieg der Onlinenutzug in den letzten 14 bis 15 Jahren zu beobachten, wie auch anhand folgender Abbildung nachvollzogen werden kann.[19]

Tab. 1 Entwicklung der Onlinenutzung in Deutschland 1997 bis 2014
Personen ab 14 Jahren

| | zumindest gelegentlich genutzt | | | | | | | | | | täglich genutzt | |
	1997	2000	2003	2006	2009	2010	2011	2012	2013	2014	2013	2014
in %	6,5	28,6	53,5	59,5	67,1	69,4	73,3	75,9	77,2	79,1	57,0	58,3
in Mio	4,1	18,3	34,4	38,6	43,5	49	51,67	53,4	54,2	55,6	40,0	41,0
Zuwachs gegenüber dem Vorjahr in %	–	64	22	3	2	13*	6	4	2	2	–	3

Basis: bis 2009: Deutsche ab 14 Jahren in Deutschland (2009: n=1 806, 2006: n=1 820, 2003: n=1 955, 2000: n=3 514, 1997: n=15 431).
Ab 2010: Deutsch sprechende Bevölkerung ab 14 Jahren (2014: n=1 814; 2013: n= 1 800, 2012: n=1 800, 2011: n=1 800, 2010: n=1 804).
* Wechsel der Grundgesamtheit (Zuwachs bei „Deutschen ab 14 Jahren": 1 %).
Quelle: ARD-Onlinestudie 1997, ARD/ZDF-Onlinestudien 1998-2014.

Abbildung 2: Entwicklung der Onlinenutzung in Deutschland 1997 bis 2014

Quelle: ARD-Onlinestudie 1997, ARD/ZDF-Onlinestudien 1998-2014.

Bei genauerer Betrachtung der Onliner fällt auf, dass die Attribute Alter, Herkunft, Bildung und Geschlecht bedeutenden Einfluss auf die Onlinenutzung einzelner Personen ausübt. Bei der Betrachtung unterschiedlicher Altersgruppen fallen eklatante Unterschiede bezüglich der Verweildauer im Internet, sowie der Art der Nutzung auf. Im Schnitt verbringt die deutsch sprachige Bevölkerung 166 min am Tag im Netz. Die nachfolgende Grafik zeigt jedoch auf, dass lediglich die Altersgruppe zwischen 30-49 J. diesem Schnitt mit 162 min nahe kommt.

---

[19] Vgl. http://www.ard-zdf-onlinestudie.de/fileadmin/Onlinestudie_2014/PDF/0708-2014_Eimeren_Frees.pdf, S. 378 f.

Ansonsten sind große Unterschiede erkennbar, vor allem bei den 14-19 J. die 248 min im Netzt surfen im Vergleich zu den ab 50 J. mit nur 108 min am Tag.[20]

Tab. 8 Durchschnittliche Verweildauer bei der Onlinenutzung 2003 bis 2014
in Min./Tag

	2003	2004	2005	2006	2007	2008	2009	2010	2011	2012	2013	2014
Gesamt	138	129	123	119	118	120	136	136	137	133	169	166
Frauen	110	102	108	93	102	101	122	115	123	118	163	145
Männer	161	149	134	139	133	137	148	154	150	147	174	185
14-29 J.	162	168	152	150	155	159	180	157	168	168	237	248
30-49 J.	140	115	123	116	112	115	130	134	138	132	168	162
ab 50 J.	98	95	82	89	88	84	97	115	103	105	116	108

Basis: Bis 2009: Deutsche Onlinenutzer ab 14 Jahren (2009:n=1 212, 2008: n=1 186, 2007: n=1 142, 2006: n=1 084, 2005: n=1 075, 2004: n=1 002, 2003: n=1 046).
Ab 2010: Deutsch sprechende Onlinenutzer ab 14 Jahren (2014: n=1 434; 2013: n=1 389, 2012: n=1 366, 2011: n=1 319, 2010: n=1 252).
Quelle: ARD/ZDF-Onlinestudien 2003-2014.

Abbildung 3: Durchschnittliche Verweildauer bei der Onlinenutzung 2003 bis 2014

Quelle: ARD-Onlinestudie 1997, ARD/ZDF-Onlinestudien 1998-2014

Trotz der zunehmenden Internetverbreitung seit einigen Jahren, bleibt die Altersschere zwischen Onlinern und Offlinern in der älteren Generation weit geöffnet. Im Jahr 2014 beträgt das durchschnittliche Alter eines Onliners im Schnitt 43 Jahre, wohingegen Offliner im Durchschnitt 70 Jahre alt sind. Diese Mittelwerte zeigen, dass das Internet weiterhin ein „junges" Medium bleiben wird. Daher ist auch auf absehbare Zeit nicht davon auszugehen, dass Deutschland ein skandinavisches Niveau von 95% erreichen wird, was den Anteil der Internetnutzer einer Bevölkerung betrifft. Zu den Offlinern zählen vor allem ältere Frauen. Während bei Frauen und Männern unter 50 Jahren nur noch marginale Unterschiede in der Internetnutzung vorliegen, surft bei den Frauen ab 50 Jahren nur jede Zweite im Netz. Im Gegensatz dazu sind im selben Alterssegment jedoch noch 2/3 aller Männer online. Die sog. „Digital Gap" wird somit vor allem durch ältere Frauen verursacht. Die nachfolgende Grafik veranschaulicht diese Sachlache abermals.[21]

---

[20] Vgl. http://www.ard-zdf onlinestudie.de/fileadmin/Onlinestudie_2014/PDF/0708-2014_Eimeren_Frees.pdf , S. 384
[21] http://www.ard-zdf-onlinestudie.de/fileadmin/Onlinestudie_2014/PDF/0708-2014_Eimeren_Frees.pdf , s. 379 f.

Tab. 2   Internetnutzer in Deutschland 1997 bis 2014

	zumindest gelegentlich genutzt, in %									
	1997	2000	2003	2006	2009	2010	2011	2012	2013	2014
Gesamt	6,5	28,6	53,5	59,5	67,1	69,4	73,3	75,9	77,2	79,1
Männer	10,0	36,6	62,6	67,3	74,5	75,5	78,3	81,5	83,5	83,7
Frauen	3,3	21,3	45,2	52,4	60,1	63,5	68,5	70,5	71,1	74,6
14-19 J.	6,3	48,5	92,1	97,3	97.5	100,0	100,0	100,0	100,0	100,0
20-29 J.	13,0	54,6	81,9	87,3	95,2	98,4	98,2	98,6	97,5	99,4
30-39 J.	12,4	41,1	73,1	80,6	89,4	89,9	94,4	97,6	95,5	97,4
40-49 J.	7,7	32,2	67,4	72,0	80,2	81,9	90,7	89,4	88,9	93,9
50-59 J.	3,0	22,1	48,8	60,0	67,4	68,9	69,1	76,8	82,7	82,1
ab 60 J.	0,2	4,4	13,3	20,3	27,1	28,2	34,5	39,2	42,9	45,4
in Ausbildung	15,1	58,5	91,6	98,6	98,0	100,0	100,0	100,0	100,0	100,0
berufstätig	9,1	38,4	69,6	74,0	82,3	82,4	87,0	90,7	89,6	92,8
Rentner/ nicht berufstätig	0,5	6,8	21,3	28,3	34,7	36,4	45,0	44,7	50,2	51,3

Basis: bis 2009: Deutsche ab 14 Jahren in Deutschland (2009: n=1 806, 2006: n=1 820, 2003: n=1 955, 2000: n=3 514, 1997: n=15 431).
Ab 2010: Deutsch sprechende Bevölkerung ab 14 Jahren (2014: n=1 814; 2013: n= 1 800, 2012: n= 1 800, 2011: n=1 800,
2010: n=1 804).

Quelle: ARD-Onlinestudie 1997, ARD/ZDF-Onlinestudien 1998-2014.

Abbildung 4: Internetnutzer in Deutschland 1997 bis 2014

Quelle: ARD-Onlinestudie 1997, ARD/ZDF-Onlinestudien 1998-2014

Internetnutzung unterscheidet sich außerdem in Hinblick auf die Bildungsgruppen enorm. Die Schere beginnt sich diesseitig zwar allmählich zu schließen, sodass der Onliner-Anteil der Befragten mit Volksschulabschluss ohne Lehre im Jahr 2011 zum ersten Mal bei über 50% liegt; jedoch ist dieser Wert, verglichen mit dem Onliner Anteil höherer Bildungsgruppen relativ gering. Bei der Gesellschaftsschicht mit abgeschlossenem Studium liegt die Beteiligung bei knapp 90%. Nachstehende Grafik verdeutlicht erneut, dass das Nutzungspotenzial der Personen mit Volksschulabschluss ohne Lehre trotz dieser Entwicklung am größten bleibt.[22]

---

[22] Vgl. http://www.initiatived21.de/wp-content/uploads/2011/07/NOnliner2011.pdf,
S. 16

2011 (Angaben in %) Bildungsabschluss	Basis	Onliner	Nutzungsplaner	Offliner							
Schüler	1.431	97,7	1,2	1,0	→						
Volksschule ohne Lehre	3.302	51,4	4,4	44,2	→						
Volksschule mit Lehre	9.086	63,8	4,3	31,9	→						
weiterbildende Schule, ohne Abitur	8.603	78,8	3,4	17,8	→						
Abi, Hochschulreife, Fachhochschule	3.529	90,8	2,0	7,3	→						
abgeschlossenes Studium	3.993	89,6	1,7	8,6	→						
■ Onliner ■ Nutzungsplaner ■ Offliner						20 %	40 %	60 %	80 %	100 %	

Abbildung 5: Anteil der Onliner und Offliner je nach Bildungsabschluss
Quelle: ARD-Onlinestudie 1997, ARD/ZDF-Onlinestudien 1998-2014

Zwar haben sich Technologien, Angebote und Inhalte des Internets innerhalb der letzten 15 Jahre dynamisch verändert; die Prioritäten der Nutzer blieben jedoch relativ gleich. Informationssuche und Kommunikation sind nach wie vor die Funktionen die generationsübergreifend am meisten genutzt werden. Die Rangliste der am häufigsten genutzten Funktionen führen seit Jahren das Suchen von Informationen mit 82%, die Nutzung von Suchmaschinen mit ebenfalls 82% und das Senden und Empfangen von E-Mails mit 79% an.

Audiovisuelle Angebote und Communitys gewannen jedoch in den letzten Jahren deutlich an Bedeutung. Grund hierfür ist der deutliche Zuwachs an mobilen Endgeräten in deutschen Haushalten. In der nachfolgenden Grafik sind entsprechende Ergebnisse nochmalig aufbereitet.[23]

---

[23] Vgl. http://www.ard-zdf-onlinestudie.de/fileadmin/Onlinestudie_2014/PDF/0708-2014_Eimeren_Frees.pdf, S. 386 f.

Tab. 13 Onlineanwendungen 2014 nach Geschlecht und Alter mindestens einmal wöchentlich genutzt, in %	Gesamt	Frauen	Männer	14-29 J.	30-49 J.	50-69 J.	ab 70 J.
Informationen suchen	82	79	85	92	85	73	66
Suchmaschinen nutzen	82	80	83	93	85	72	55
senden/empfangen von E-Mails	79	77	81	79	83	76	67
Wetterinformationen abrufen	51	49	54	64	51	44	28
aktuelle Nachrichten nutzen	49	41	56	60	52	38	28
Apps auf Mobilgeräten nutzen	44	42	45	72	45	25	5
Online-Nachschlagewerke nutzen	41	37	44	56	40	31	24
Onlinecommunitys nutzen	39	39	39	74	37	17	5
Videoportale	34	27	42	70	29	17	4
Chatten	32	31	33	65	29	12	6
Sportinformationen abrufen	25	13	36	30	25	21	17
Ortungsdienste für ortsbezogene Informationen nutzen	25	21	28	31	27	18	11
Onlinespiele	21	17	26	31	21	16	5
Onlinemediatheken nutzen	18	14	22	30	17	10	7
Onlineshopping	16	16	16	18	19	12	9
Audios im Internet herunterladen/anhören	14	9	20	36	10	4	3
an Internetforen teilnehmen	14	11	17	26	13	7	3
Fernsehsendungen/Videos zeitversetzt	14	11	17	26	12	7	7
Musikdateien aus dem Internet	13	11	15	34	7	4	3
digitale Landkarten/Stadtpläne nutzen	13	12	14	19	10	11	14
live im Internet Radio hören	12	8	15	16	14	7	1
RSS-Feeds oder Newsfeeds	11	10	12	22	11	5	1
Verkehrsinformationen abrufen	11	9	13	15	12	8	4
Mediatheken der Fernsehsender nutzen	9	8	11	17	8	7	3
live im Internet fernsehen	8	6	9	13	5	6	8
Audio-Streamingdienste nutzen	6	4	8	18	4	1	0
Fotocommunitys nutzen	6	8	4	19	2	1	0
Videopodcasts	6	3	8	16	3	1	1
Blogs nutzen	5	4	6	10	4	3	1
Microbloggingdienste/Twitter nutzen	5	4	5	12	3	1	0
Video-Streamingdienste oder Kino auf Abruf	4	3	6	11	2	2	0
andere Audiodateien aus dem Internet	4	2	6	10	2	2	2
Audiopodcasts	4	2	6	10	3	0	0
Musikportale	3	1	4	9	1	0	0
Radiosendungen zeitversetzt	3	2	3	4	3	1	2

Basis: Deutsch sprechende Onlinenutzer ab 14 Jahren (n=1 434).

Abbildung 6: Art der Onlineanwendungen in 2014, nach Geschlecht und Alter

Quelle: ARD-Onlinestudie 1997, ARD/ZDF-Onlinestudien 1998-2014

4.2 Internetnutzung im internationalen Vergleich

Im Jahr 2014 lag die Zahl der Onliner weltweit bei knapp 2,7 Milliarden. [24] Somit sind fast 30% der Weltbevölkerung online. Jedoch verteilen sich diese 2,7 Milliarden sehr ungleich. Während 2010 71 % der Bevölkerung in Industrieländern online waren, traf dies lediglich auf 21% der Bevölkerung in Entwicklungsländern zu. Derzeit scheint der asiatische Markt das größte Wachstum an Internetnutzern zu haben und steigerte seine Internet-Penetrationsrate um 12% auf 23,8%. In Nordamerika und Europa liegt die Wachstumsrate bei lediglich 0,2 bis 0,3%. Dabei hat Nordamerika im Vergleich der Regionen die weltweit größte Onliner-Dichte mit einer Penetrationsrate von 77%. Dieselbe Rate verbesserte sich innerhalb Europas um vier Prozentpunkte und liegt nun bei 69%.

Lokalisiert man die Internetnutzer weltweit, so sind momentan knapp 44% der User in Asien beheimatet, 23% in Europa und 13% in Nordamerika. In China befinden sich derzeit mit 420 Millionen die meisten Onliner, was aber bei einer Gesamtbevölkerung von 1,37 Milliarden

---

[24] Vgl. http://de.statista.com/statistik/daten/studie/186370/umfrage/anzahl-der-internetnutzer-weltweit-zeitreihe/

lediglich 32% ausmacht. In Europa ist zu beobachten, dass die Internetnutzung in Südeuropa immer mehr zunimmt, hingegen in Ländern der Spitzengruppe wie Skandinavien eine Sättigungsgrenze scheinbar erreicht wurde. Dies führt dazu, dass sich die „Digitale Spaltung" innerhalb Europas zurückbildet.

Innerhalb der europäischen Staaten wandelte sich die Rangliste der Internetnutzung gegenüber dem Vorjahr nur minimal. Die Skandinavier, sowie Luxemburg teilen unter sich die ersten fünf Plätze auf. Norwegen konnte sich an dieser Stelle um Zwei Prozentpunkte verbessern und liegt somit mit 93%, gemeinsam mit Island an der Spitze. Deutschland konnte seinen 7. Platz mit 80% Beteiligung verteidigen, wird jedoch von Frankreich attackiert, die mit einer Zunahme von 10 Prozentpunkten auf 79% die höchste Wachstumsrate verzeichnen. Grund hierfür dürfte das wachsende Interesse an Social Networks sein.

Die Schlusslichter der Rangliste bilden Bulgarien mit 43%, die Türkei mit 38% und Rumänien mit 36% Anteil der Bevölkerung. Diese Rangliste kann noch einmal in der Grafik nachvollzogen werden.

Die Zunahme der Internetnutzung gilt momentan als weltweiter Trend. In Schwellenländern wie China und Indien, scheint sich die Nutzung von Online-Angeboten auf Grund des gestiegenen Bedürfnisses nach Information, Kommunikation und Entertainment erheblich zu steigern. In den Industriestaaten scheint es für eine weitere Zunahme der Internetverbreitung notwendig zu sein das Onlineangebot weitläufiger und mobiler zu gestalten, da die Flexibilität und Unabhängig der Nutzung von einem bestimmten Aufenthaltsort in Augen der User immer bedeutender wird. Nach Berechnungen von E-Marketern wird sich die Zahl der Mobilfunkkunden die einen mobilen Internetzugang nutzen in den europäischen Schlüsselmärkten Spanien, Frankreich, Deutschland, Großbritannien und Italien bis zum Ende des Jahres 2015 weiterhin auf einen Wert von 35,1% erhöhen.[25] Die Möglichkeiten der Internetnutzung wachsen bisher stetig und machen Das Netz zu einem allgegenwärtigen, bedeutenden Medium.

---

[25] Vgl. http://www.initiatived21.de/wp-content/uploads/2011/07/NOnliner2011.pdf,
S. 66 f.

Zusammenfassung und Ausblick

Dieses Jahr- 2015 feierte nicht nur das World Wide Web seinen 22. Geburtstag, auch die Suchmaschine Google verzeichnet ihren 17. Jahrestag. Im selben Zug erreichen die Mitgliederzahlen der Online-Netzwerke unvorhergesehene Dimensionen (Web-2.0).[26] Das Internet hat sich in den letzten 20 Jahren so schnell verbreitet wie kaum ein Medium zuvor und veränderte unser gesamtes Leben seither grundlegend. Sei es durch die vereinfachte Suche nach Informationen, das schnelle Kommunizieren über E-Mail und Chats oder durch das Herunterladen oder Anhören von Musik; Viele Dinge konnten durch das Internet angenehm erleichtert werden.

Doch nicht Alle auf dem Globus profitieren gleichermaßen von diesem Medium. Bei einer weltweiten Betrachtung der Internetnutzung fällt auf, dass der Bevölkerungsanteil mit Internetzugang in Industriestaaten deutlich über dem in Entwicklungsländern liegt. Und nicht nur das, selbst im nationalen Vergleich können Unterschiede aufgrund von Geschlecht, Alter oder Bildungsabschluss verzeichnet werden. Man spricht bei dieser digitalen Spaltung der Bevölkerung von „digital divide".[27]

Nach Ansicht von Vertretern des diffusionstheoretischen Ansatzes wird das Problem der „Digitalen Spaltung" zukünftig keinen Bestand haben. Sie betrachten das Internet als eine Informations- und Kommunikationstechnologie, welches eine zentrale Rolle für die Entwicklung der modernen Gesellschaft einnimmt und gehen daher davon aus, dass es sich bei „Digitalen Spaltung" lediglich um ein Problem auf Zeit handelt. Dies bezeichnen sie als einen sog. trickle-down-Effekt. Diese Ansicht begründen sie damit, dass die vielfältigen Nutzungsformen des Internets, die egalisierenden Kräfte des Marktes sowie die zu erwartenden Netzwerkeffekte innerhalb des Diffusionsprozesses auf kurz oder lang zu einer allgemeinen Internetnutzung der Gesamtbevölkerung führen werden[28]. Diese Sichtweise mag wohl auf Industrienationen zu treffen, wohl aber kaum auf Länder der Dritten Welt. Zu groß scheint die Kluft zu sein, allein schon aus Infrastrukturellen- als auch organisatorischen Gründen.[29]

Einige Länder, wie beispielsweise Nordkorea und China scheinen auch kein Interesse daran zu haben ihrer Bevölkerung vollen Zugriff aufs Internet zu gewähren. In Zukunft wird davon

---

[26] Vgl. Heinemann 2015, S. VII
[27] Vgl. http://www.ssoar.info/ssoar/bitstream/handle/document/17377/ssoar-2006-krings_et_al-internet_fur_alle.pdf?sequence=1
[28] Vgl. http://www.ssoar.info/ssoar/bitstream/handle/document/17377/ssoar-2006-krings_et_al-internet_fur_alle.pdf?sequence=1 , S. 3058
[29] Vgl. http://www.ssoar.info/ssoar/bitstream/handle/document/17377/ssoar-2006-krings_et_al-internet_fur_alle.pdf?sequence=1, S. 3056

auszugehen sein, dass die Internetnutzung innerhalb der Industriestaaten an die 100% Marke herannaht, während . Entwicklungsländer von dieser Zahl weiterhin weit entfernt sein werden.

Literaturverzeichnis

Monographien

Heinemann, Geritt. (2015): Der neue Online Handel. 6. Auflage. Wiesbaden.

• Rogers, Everett M. (2003): Diffusion of innovations. 5. Auflage. New York.

• Stöber, Rudolf (2003): Mediengeschichte. Die Evolution „Neuer" Medien von Gutenberg bis Gates. Eine Einführung. Band 2. Opladen. S. 150-206, 207-262

Sammelbände

D´heur, Michael (2014 Berlin, Heidelberg): shared.value.chain: Profitables Wachstum durch nachhaltig gemeinsame Wertschöpfung in: D´heur Michael (Hrsg.) CSR und Value Chain Management Profitables Wachstum durch nachhaltig gemeinsame Wertschöpfung. S. 1-123

Zeitschriftenaufsätze

• Krings, Bettina-Johanna/Riehm, Ulrich (2006): Internet für alle? Die Diskussion des „digital divide" revisited. In: Rehberg, Karl-Siegbert (Hg.): Soziale Ungleichheit, kulturelle Unterschiede. Frankfurt am Main: Campus 2006, S. 3052-3061

• Van Eimeren, Birgit/ Frees, Beate: 79 Prozent der Deutschen online – Zuwachs bei mobiler Internetnutzung und Bewegtbild. Ergebnisse der ARD/ZDF-Onlinestudie 2014. In: Media Perspektiven, 7-8/2014, S. 378-380.

Sonstige Publikationen und Studien

• Tns infratest GmbH/ Initiative D21 e.V. (2007): (N)Onliner Atlas 2007. Eine Topographie des digitalen Grabens durch Deutschland, Fundort: http://www.initiatived21.de/wp-content/uploads/2011/07/NOnliner2011.pdf, letzter Aufruf: 23. August 2015

Internetquellen

• http://de.statista.com/statistik/daten/studie/186370/umfrage/anzahl-der-internetnutzer-weltweit-zeitreihe/ Letzter Aufruf: 29. August 2015

• http://marketinglexikon.ch/terms/83 Letzter Aufruf: 29. August 2015